Свет и соль

Поэзия

Маргарита Коломийцева

Издание первое

Light and Salt
by Margarita Kolomiytsev

Корректор: Галина Андреева
Дизайнер и фотограф: Юрий Куприков

Все текстовые и графические материалы данной книги, в том числе тексты отдельных произведений, являются объектом авторского права и охраняются законами об авторском и смежных правах. Никакая часть данной книги не может быть каким-либо образом изменена, адаптирована, переведена или воспроизведена в какой бы то ни было форме, в том числе (но не ограничиваясь) в виде фотокопирования, ксерокопирования, записи на аудио- или видеоносители, публикации в любого вида печатных изданиях, а также размещения в сети Интернет, без предварительного согласия владельцев авторских прав.

Copyright © 2021 Margarita Kolomiytsev
www.kolomiytseva.com · All Rights Reserved

Copyright © 2021 Simdes Digital Agency
www.simdes.com · All Rights Reserved

ISBN-10: 0998523550
ISBN-13: 978-0998523552

памяти
Алексея Ивановича
Коломийцева

СПАСИБО

За помощь в издании этого сборника благодарю Международное служение «Слово Благодати» и лично его директора и моего друга Романа Юшина. Его твердость духа, настойчивость и посвящение не перестают меня удивлять.

Отдельное спасибо Юрию Куприкову, талантливому фотографу и дизайнеру, который сделал это издание не просто читаемым, но красивым и элегантным.

Огромная благодарность моему любимому мужу, который потратил много времени и сил для того, чтобы эта книга состоялась, а также поддерживал и вдохновлял меня в творчестве на протяжении всех этих лет.

Но превыше всего благодарю Бога моего за каждую строчку, которую Он благоволил мне написать.

ОГЛАВЛЕНИЕ

А Бог не боится бактерий　　　　　　　　　　　　85
А вы попробуйте показать друзьям свою душу　　77
А знаешь, я не стану толстокожей　　　　　　　　33
А я – Твоя　　　　　　　　　　　　　　　　　　20
А я уже не считаю, как раньше, свои года и потери　53
Аритмия　　　　　　　　　　　　　　　　　　　31

Бегу к Тебе в своей недораспятости　　　　　　　10
Без истинной любви　　　　　　　　　　　　　　63
Блаженны те, чьи мягкие сердца…　　　　　　　89
Бог в тюремных камерах　　　　　　　　　　　　54
Бог знает, что творит　　　　　　　　　　　　　121
Бог убирает все мои подпорки　　　　　　　　　40
Бывает, кто-то в глупой ревности…　　　　　　　93
Быть приветливой к людям　　　　　　　　　　　100
Быть примером друзьям　　　　　　　　　　　　36

В мире, полном подделок　　　　　　　　　　　14
В наш век, когда сердцу не модно приказывать　　44
В этом мире у каждого есть свое небо　　　　　　92
Вера в Бога сегодня – забытое украшенье　　　　113

Ветер в лицо	17
Витрины	116
Во мне слез скопилось на века	19
Врубая истины напор на всю катушку...	61
Все пройдет, и тревожный туман прояснится	112
Вторгаться в душу слабым не под силу	43
Говорят, если ветер в лицо – хорошо	17
Грезить небом	127
Дай грезить небом каждый миг земной	127
Дай мне ценить превыше всяких благ	12
Дай нам, Господь, Свою способность	99
Дай, Боже, не быть в шайке во́ров чужого добра	32
Если кто-то предаст...	96
Если чуждо душе смирение	39
Живи!	88
Живи, душа! Пей благодать, как воду	88
Жизнь любит умных, красивых, ярких и не увечных	2
Жить нужно так, чтоб после вашей смерти...	83
За веру где-то мучимы святые	54
Заходится безбожьем темнота	37
Здесь много слов, красивых и пустых	116
Исповедь спасающейся делами	21

К трагедиям сегодня мир привык	29
Как быстро привыкается к хорошему	66
Как же сильно мы жаждали яркого благополучия	55
Как же часто я сердцем завишу...	87
Как ручная клюю из открытых ладоней сахар	42
Как смешно мы хотим быть богами	68
Как типично – взбираться на башню...	41
Как часто мне, Господи, манна не нравится	119
Как часто нам груз веры неудобен	70
Какая мощь – смиряться и молчать	105
Какая свобода – не жить переменчивым мнением	22
Какое мастерство – с людьми скорбеть	106
Когда говорю, что Тебе свою жизнь доверяю	111
Когда от терзаний своих устаю	59
Корчимся. Юлим. Стремимся жить...	108
Мастерство	106
Медный таз. Полотенце и мыло.	80
Меня печали гонят ко кресту	16
Мне перед гневом Всемогущего не прикрыться	38
Мне хочется глубоких отношений	120
Можно жить по Писанью, каноны святить	64
Мою ценность Бог определяет	78
Мы дерзко рисуем себе комфорт	5
Мы живем на изломе событий	79
Мы круглый год творим свой мини-рай	34
Мы привыкли к формальности	72
Мы себе придумали условности	35

Мы, узники, гонимые когда-то	94
Мы, умные и в меру скрупулезные	63
Надрывным, новым, неизученным…	122
Нам небо – не крылья, не ноги	4
Нам никто не обязан ничем	81
Нам проще вновь искать Христа во гробе	70
Научиться б свободе дышать и смеяться	13
Не делайте мессиями людей	107
Не ищи сучок в глазе павшего брата	84
Не лгите мне, что вы свободны	118
Не по заслугам	124
Не привыкайте к красоте лесов	52
Не пытайся блеснуть перед публикой	76
Не пытайся великим и сильным представиться	8
Не становитесь истиной ни для кого	1
Не страшно, если что-то не успели	49
Не стремись ни к признанью, ни к почестям	82
Не торопись считать соседу косточки	27
Не хватает на отношенья с Богом жизни	98
Ничто не вечно. Чувства преходящи…	123
Нищие духом	8
Ну, скажите доброе слово, если кому-то больно	90
Нынче в церкви суды над пророками	18
Нынче дружба стоит очень дешево	23
О вы, давящие на павших…	115
Облучен мозг виной, безудержной, томящей	21

Обнови мою душу, как старое платье	47
Отношенья рвутся, словно волос	62
Пастырю	12
Перед крестом Христовым не стоят	109
Перепела	119
Поброди по окраинам мысленно	28
Поговори о любви	45
Политкорректность	108
Помни в бурях о том, что венчает всегда конец	126
Помолись за меня, когда дух мой не в силах	30
Пора перестать накачивать канонами и доктринами	101
Праздную всевластие Твое	97
Представляя иное мнение	75
Прикоснись к Его вечному Слову	95
Принимай свои обстоятельства	110
Продираюсь к Тебе	9
Просится наружу темнота	45
Прости, что я порой живу	71
Противостану всем ветрам,	25
Развлекаются верные	46
Рыночная ценность	103
Свободные	94
Слушать	67
Смиренные	75
Смотрю на старый Крест	26

Спасибо тем, кто чувствует	56
Спасибо, Боже, за одиночество	11
Страданья не по карману тому, кто не верит в свет	24
Страшно сердцу вовсе не от иного взгляда	7
Счастливые живут не напоказ	86
Твоя ценность не в том, как тебя оценили	103
Тиха пасхальная неделя	91
Трагедия	67
Трепетная, чистая, живая…	31
Ты знаешь, закати в сарай каток бетонный	60
Ты не сетуй на счастье свое второсортное	73
Ты целуй меня в душу живыми словами	48
У Бога непригодных нет	114
У камина сидишь в теплых тапочках	51
У сломанных судеб особенность редкая	50
Увидеть северное сияние	104
Уметь сочувствовать другим	57
Хочу быть всех правей	125
Часто было – меня топтали	65
Чем сложнее задачи – тем проще молиться	117
Я – глиняный сосуд	74
Я встречала на пути скорбящих	102
Я думала, сыпкий песок – основание крепкое	69

Я молилась Тебе, раздирая до крови колени	124
Я пускала в свой теплый дом обездоленных	6
Я снова в гору лезть сама пытаюсь	3
Я так устала быть Фомой	71
Я так хочу домой, под сень креста	15
Я хочу научиться слышать глазами	58

. . .

Не становитесь истиной ни для кого – раскаетесь.
Толпа распнет вас на кресте при первом случае,
когда поймет – вы тоже ошибаетесь,
когда поймет – несовершенны даже лучшие.

Не становитесь якорем ни для кого – погибнете,
когда сорвутся лодки, с вас судьбой гонимые.
Известно – смертным не дано быть в море глыбами
и даже сильные бывают уязвимыми.

Не становитесь музою ни для кого – растопчут вас
в погоне за другими вдохновеньями
и на чердак забросят вместе с прочими
такими же пустыми развлечениями.

Не становитесь идолом ни для кого – расплатитесь,
когда народ ваш в славе разуверится.
Увидев, что их мертвый бог из стали весь,
в костре вас переплавит на безделицы.

Не становитесь воздухом ни для кого – устанете
вздымать кому-то легкие пожизненно.
И только светом становитесь. Чтобы странники,
могли увидеть воздух, якорь, истину.

• • •

Жизнь любит умных, красивых, ярких и не увечных,
а ты, как фантик, прилип к асфальту, прибит к обочине.
Ты, как корабль на автостраде, скрипишь по встречной
и с брешью в сердце размером в вечность пьешь
                                              одиночество.

Успех богатых и слава сильных – бои без правил,
на этом ринге для полноценных тебе не выступить.
Гроши считаешь, что кто-то в шапке твоей оставил,
после молитвы благочестивой, как после приступа.

На горизонте увидев купол, вдруг замечаешь,
услышав пенье, тебе тепла и любви захочется…
Но, подползая к ступеням храма, вдруг понимаешь:
у церкви тоже есть свой асфальт и свои обочины.

. . .

Я снова в гору лезть сама пытаюсь,
а Ты меня, как вихрь, сбиваешь с ног.
Мой Суверенный, мой любимый Бог,
всевластием Твоим лишь утешаюсь,
уверена – в Твоих руках итог.

Ты просто так не допускаешь кручи
и камни расставляешь на пути.
Прошу лишь об одном – во тьме свети!
Так, значит, для меня гораздо лучше,
то значит – без Тебя не доползти.

Вокруг меня другие альпинисты
срываются, и каждый на своем
уступе. И летят на встречу с дном.
Они свои не оценили риски,
а я, коль и сорвусь, с Тобой вдвоем.

И пусть то будет для меня наука –
не полагаться на свои дела,
не уповать на брата или друга,
держаться только за Твои заслуги.
Спасибо, Боже.
Вновь Твоя взяла.

• • •

Нам небо – не крылья, не ноги,
а чаще всего – костыль.
О нем вспоминаем, когда
наши планы хромают и рушатся.
Налетом земли покрыт
божественный апостиль
на душах. И не понять,
а дышат ли эти души-то?

Поем, что земля не дом нам;
поем, что нам небо – дом.
А корни пускаем здесь –
компромиссами и кредитами.
А небо как сон, как фон,
и верим в него с трудом,
но как-то еще живем
своими полумолитвами.

Нам вера – не жизнь, не смысл,
а чаще всего – билет
на рейс первым классом до
чертогов, Христом обещанных.
Блажен тот, кто вдруг поймет,
что рейсов до неба нет,
что Небо уже живет
в мужчинах земных и женщинах.

...

Мы дерзко рисуем себе комфорт.
Белый ватман. Кисточки от кутюр.
Буйство красок. Надежность тугих купюр –
возможность успеть на взлетающий борт
в жизнь любую и в мир, совершенно новый.
И зачем нам в том мире венец терновый?
И чаша зачем? Лучше крест на шее…
Мы как все. Не лучше и не грешнее.

Сдобрен мозг, как каша, правыми взглядами,
демократов чтим, за органик ратуем.
Права свои вознесли на трон.
Христос, говорите? Да где там Он?
Это раньше страдали за Слово Божье,
а сегодня свое нам куда дороже.
Как угодно права свои обоснуем –
порвем и брата, и мать родную.

Вот такой наш мир, совершенно новый.
И зачем в этом мире венец терновый?
Мы ведь жертвуем крохи на Божье дело,
вспоминаем о вере шутя, при случае.
Ослепла церковь. Оглохла и онемела.
Вирус благополучия.

. . .

Я пускала в свой теплый дом обездоленных и забытых,
боль смывала с их пыльных ног, угощала их курагой,
круглосуточно дверь моя была настежь для них открыта,
и очаг был всегда горяч, разожженный моей душой.

Они пили зеленый чай, ели розовое варенье,
я играла сонаты им и молилась за их печаль.
А потом они мой фарфор разбивали с остервененьем,
заливали водой очаг и царапали мой рояль.

Я золу собирала и вытирала за ними лужи,
силясь скрытый мотив понять, объясненье себе ища.
Не найдя оправданья им, я не верила больше в дружбу,
и не видела смысл служить, и не чувствовала сил
                                                            прощать.

И решила, что я гостей принимать у себя не буду,
плотно двери запру и впредь не займу своего огня.
Но тогда мне напомнил Бог, как Он в сердце впустил
                                                            Иуду,
и тогда Он напомнил мне, как Он в небо впустил меня.

Может быть, разоренный дом, это нищенство
                                                         не случайны,
может быть, они мне нужны, чтобы немощь свою понять,
чтобы слабость свою признать, разгадать оправданья
                                                         тайну,
может быть, это нужно нам, чтоб усилилась благодать.

• • •

Страшно сердцу вовсе не от иного взгляда.
Больно вовсе не от реплик и фраз обидных.
Страшно – это когда за горло хватают брата,
больно – это когда в нас Христовой любви не видно.

Душно на чистом воздухе вовсе и не от смога,
вниз лицом не с лестниц, не с крыш лечу
                                                      ненадежных.
Меня душит, когда дети Божьи бесчестят Бога,
и на ровном месте падаю навзничь от их подножек.

Горько нёбу совсем не от критики и сарказма,
на зубах оскомина не от статей или фраз крылатых.
Горько – это когда плетьми хлещут несогласных,
кисло – это когда за свою правоту хоть матом.

Страшно – это не громкие лозунги демократов,
не парады и флаги, не в школах уроки о чуши.
Страшно – это когда у людей показная святость,
страшно – это когда им плевать на погибшие души.

Больно сердцу совсем не от слов, пустых и жестоких,
кем-то брошенных вскользь в дерзкой речи
                                                      и с видом важным.
Больно – это когда христиане не помнят о Боге,
страшно в церкви без Бога.
Вот что действительно страшно!

НИЩИЕ ДУХОМ

Не пытайся великим и сильным представиться,
больше сделать, повыше себя приподнять.
Бог использует немощных, чтобы прославиться,
только нищие духом найдут благодать.

Если сердце в печалях, как золото, плавится,
помни: благо есть в том, чтоб, страдая, молчать.
Бог использует немощных, чтобы прославиться,
только кроткие духом найдут благодать.

Коль захочется выглядеть, людям понравиться,
в искушенье впадешь на себя уповать,
помни, Бог только в немощных может прославиться
и лишь бедные духом найдут благодать.

Если буря ревет и с дорогой не справиться,
продолжай и тогда для себя повторять:
Бог использует немощных, чтобы прославиться,
и бессильные в Нем обретут благодать.

Обожженные бурями крылья расправятся,
коль увидят свою неспособность летать.
Бог использует немощных, чтобы прославиться,
только нищие духом найдут благодать.

• • •

Продираюсь к Тебе в темноте через заросли страха,
в кровь разодранный дух уврачует Твоя благодать.
Упаду в Твои руки благие с надеждой. С размахом
упаду в Твою дивную волю и буду молчать.

Продираюсь к Тебе в темноте через заросли смерти,
ты сильнее, чем смерть; Ты надежней, чем тысяча лет.
Твой божественный перст на песке Свои замыслы
                                                чертит
и однажды введет с торжеством в нескончаемый свет.

Продираюсь к Тебе через заросли темной тревоги.
Знаю, Ты обязательно включишь все звезды небес,
чтобы путь осветить; и душа успокоится в Боге,
вновь так ясно увидев Голгофский спасающий крест.

. . .

Бегу к Тебе в своей недораспятости,
в напыщенном смирении своем.
Обдай меня водой вмененной святости,
очисти, словно золото, огнем.

Ползу к Тебе в своей несокрушенности,
в своей непосвященности бреду.
Иду в своей непросвещенной совести,
взывая к милостивому суду.

Бреду к Тебе в своей нерасторопности,
взлететь остаток плоти не дает.
Под толстым слоем благородной гордости
неслышно стонет царствие Твое.

Спешу к Тебе, хватая воздух клочьями,
с Тобой и задохнуться – благодать.
А без Тебя мне ничего не хочется –
ни двигаться, ни верить, ни дышать.

. . .

Спасибо, Боже, за одиночество,
в нем ярче слышится голос Твой.
Мне в одиночестве чаще хочется
общаться с небом, бежать домой.

Спасибо, Боже, за боль душевную,
за то, что режет порой ножом.
Принять страданья сейчас дешевле мне,
чем очищаться потом огнем.

Спасибо, Боже, за неприятие,
за нелюбовь, что встречаю здесь.
Зато я чаще бегу к распятию,
где есть любовь и принятье есть.

Спасибо, Боже, что счастье призрачно,
что мимолетен земной покой.
Какое счастье быть небом признанной
и все печали делить с Тобой!

ПАСТЫРЮ

Дай мне ценить превыше всяких благ
водительство Твое – Твой добрый посох.
И верить: в обстоятельствах несносных
меня нести Ты будешь на руках.

В пустыне искушений и скорбей,
когда туманна жизнь и непонятна,
дай ощущать тепло Твоих объятий
и пить из чаши благости Твоей.

Помажь главу, когда я устаю,
елеем Твоих вечных откровений;
дай мне желать превыше исцеленья
тебя и волю добрую Твою.

Дай не взирать на стрелы грубых слов,
а почести толпы почесть тщетою.
И помнить: для меня Ты стол накроешь
в долине слез перед лицом врагов.

Дай пропитаться истиной Твоей:
Ты, добрый Пастырь, не Палач мой грозный.
Дай посох Твой не почитать за розгу
и верить в высший смысл земных скорбей.

• • •

Научиться б свободе дышать и смеяться,
все сомненья и боль у креста оставлять.
Научиться бы к прошлому не возвращаться,
научиться б его, как одежду, снимать.

Научиться бы рабству святого Писания,
покоряя Христу переменчивость чувств
И внезапность инстинктов, пленяя сознанье,
ощущать благодать этих праведных уз.

Научиться б так жить, чтобы в век наш продажный
неразборчивых взглядов, туманных идей,
повстречавшись в пути мне, воскликнул бы
                                              каждый:
«Она знает, где солнце, пойдемте за ней!»

Научиться б так верить, чтоб люди стремились
обрести ту же силу и тот же покой,
что увидят во мне.
И чтоб чудная милость
их божественной мощью влекла за собой.

. . .

В мире, полном подделок и сложных душевных
                                          изломов,
где легко доброту на сверкающий фейк обменять,
я скорблю оттого, что так много хороших знакомых
и так мало друзей настоящих, способных понять.

В оглушающем шуме речей и пустых заявлений,
там, где мечут слова, словно камни в прохожих пращой,
я скорблю, что так много желающих выкрикнуть мненье
и так мало способных услышать кого-то еще.

В жизни, полной страданий, где чья-то душа оступилась
и не в силах подняться, не в силах от боли кричать,
я скорблю, что вокруг нет способных оказывать милость
и великое множество тех, кто готов обличать.

В церкви, полной людей, изнывающих, несовершенных,
тех, чьи раны пекут, тех, чья жизнь от побоев кровит,
я скорблю оттого, что так много великих свершений
и так мало простой и понятной Христовой любви.

• • •

Я так хочу домой, под сень креста,
где обниму любимое распятье;
и сделается светом пустота
внутри меня, и заболят запястья
в том месте, где не будет ржавый гвоздь
держать меня полметра над землею.
И я вздохну: «Спасибо, не пришлось!»
Вдохну любовь и исцелюсь покоем.

• • •

Меня печали гонят ко кресту,
где сокрушаюсь в покаянье снова,
где, обретя общенья полноту
с Тобой, не жажду ничего другого.

Не нужно ни здоровья, ни любви,
земной, непостоянной, проходящей.
И молит дух: «Зови меня, зови
в объятья отношений настоящих!»

Земля – алтарь мне, а все небо – храм.
И слушаю Твой голос с упоеньем,
а Ты меня читаешь по глазам,
по мимолетным сменам настроенья.

И если льет на землю кислый дождь,
промокну, и не хочется молиться,
ты у креста меня с любовью ждешь –
согреть.
Простить.
Общеньем насладиться.

ВЕТЕР В ЛИЦО

Говорят, если ветер в лицо – хорошо.
Говорят, если ветер – то́ есть успех.
И стоишь на ветру, онемев душой,
ветер треплет ее на виду у всех.

Говорят, каравану не страшен лай,
и в пути на Олимп может быть и так.
Только вот почему по дороге в рай
нам так много встречается злых собак?

. . .

Нынче в церкви суды над пророками,
гонят с кафедры преданных слуг.
Люди кормятся полунамеками,
чтоб не резало души и слух.

Любит публика речи елейные,
чтобы сладко, туманно, на бис,
чтобы всем угодить по-семейному,
и своим, и чужим компромисс.

Не смутить ненароком чтоб мытарей,
чтобы их не слепил Божий свет,
все так гладко, слащаво, аж приторно,
вот у церкви и диабет.

• • •

Во мне слез скопилось на века,
давят жерновами изнутри.
Возвратись ко мне издалека,
по душам со мной поговори.

Ты ко мне то близок, то далек,
знаю, виновата я сама.
И схожу отчаянно с ума,
оттого что ты не одинок.

• • •

А я – Твоя. И в каждой крошке хлеба
дается мне святая благодать.
А с ней дается все, что мне потребно,
чтоб жить по правде, а не выживать.

А я – Твоя. В глотке вина тугого
я чувствую палитру слез Твоих,
и, ощущая силу жизни новой,
я предваряю вечность в этот миг.

Я вся – Твоя. И пусть бушуют ветры,
сбивая смертных с ног у алтарей.
Ты – корень мой, залог надежный веры
и смысл единый вечности моей.

ИСПОВЕДЬ СПАСАЮЩЕЙСЯ ДЕЛАМИ

Облучен мозг виной, безудержной, томящей,
до рая как до звезд, а в ад – рукой подать.
Все истовей молюсь, все каюсь настоящей,
все тщательней закон стараюсь исполнять.

Покой неуловим. А совесть – клоун лживый,
измазала лицо белилами добра
и нагло врет душе: «Делами будем живы»,
и пляшет на костях до самого утра.

Сыграй же полонез, почти уже спасенный!
и дразнит совесть: здесь не дано знать покой;
пройдется молотком по пальцам обреченным,
и музыка моя подавится виной.

Сто тысяч свеч зажгу, наполню руки данью,
неужто фатум мой – прощение стяжать,
не смея уповать на Божьи обещанья,
в спасении своем не смея ликовать?

Неужто мой удел – в терзанье бить поклоны
и в космос посылать молитв речитатив?
И сжалился Христос над духом истощенным,
открыв, что человек единой верой жив.

Упала пелена: мои старанья тщетны.
Спасенье совершив мое, Христос воскрес!
Ликуй пред Ним, душа! Исполненная светом,
спасенная навек! Сыграем полонез.

. . .

Какая свобода – не жить переменчивым мнением
друзей и врагов. Научиться б свободе такой!
Чтоб мысли и чувства свои и свое настроение
по небу сверять, не сверяясь с греховной землей.

Не жаждать улыбок чужих, не искать понимания,
не ждать одобренья и дружбы земной не искать.
Но всем, кто есть рядом, дарить теплоту и вниманье,
и каждого слушать, и всякую боль понимать.

• • •

Нынче дружба стоит очень дешево,
думаем все больше о себе.
А друзья сегодня лишь прохожие,
зрители, молчащие в толпе.

Нынче совесть стоит очень дешево,
чистоту, как клад, не отыскать.
Все, что до сих пор считали пошлостью,
начали искусством называть.

Нынче память стоит очень дешево,
думаем с трудом и не о том,
Быстро забываем все хорошее
и годами помним о плохом.

Нынче церковь стоит очень дешево,
час в неделю – красная цена.
Позабытым пережитком прошлого
как бы и нужна, и не нужна.

Души суетой мирской изношены,
плесенью воняют за версту.
Как же вера нынче стоит дешево
лживым нам!
И дорого – Христу.

· · ·

Страданья не по карману тому, кто не верит в свет.
Душа как рваная рана, если надежды нет.
К тому, кто наглухо ставни забил, не придет рассвет.
Солнца ведь нет.

И можешь рыдать в подушку – как злобный фатум
                                                                       жесток!
И клясть за несправедливость Всевышнего: как Он
                                                                       мог?!
Зубами вгрызаться в счастье, считая, что должен Бог
тебе кусок.

Можешь ходить по струнке, оплачивать по счетам,
но ввек не выплатишь сумму, что задолжал Адам.
Любовь ища на базаре, носишься по рядам.
Она не там.

Можешь себя стенáми окружить с четырех сторон.
Можешь на случай крайний припрятать один
                                                                       патрон,
возможно, потом случайно сбежишь со своих
                                                                    похорон –
и снова в сон.

Во сне наденешь на душу пустую бронежилет
притворного равнодушья и опыта горьких лет.

Но счастье не по карману тому, кто не верит в свет.
К тому, кто наглухо ставни забил, не придет рассвет.
Впусти же свет!

• • •

Противостану всем ветрам,
его порывам.
Душе достаточно Христа,
чтоб быть счастливой.

Противостану всем врагам –
пусть им простится.
Душе достаточно Христа,
чтоб исцелиться.

Противостану всем смертям
и мукам крестным.
Душе достаточно Христа,
чтобы воскреснуть.

. . .

Смотрю на старый Крест, где мне дана
живая помощь для борьбы с собою:
смиренный Бог – какая глубина!
Какая мощь, величие какое!

Смиряться больно. Больно распинать
свои желанья, мощь своих амбиций...
Как трудно под Рукой Его смириться,
но в той Руке такая благодать!

Смиряться невозможно без Христа,
в Его примере – неземная сила.
Смирение – какая красота!
Так делай меня, Господи, красивой...

. . .

Не торопись считать соседу косточки
за то, что портит тебе жизнь порядочно.
Никто не воет волком, если солнечно,
никто не брызжет ядом, если радостно.

Не помышляй бесчестного о ближнем, что
вчера с тобой делил свое нелишнее.
Пусть даже ты и видел, как, склонившись, он
к земле в пращу закладывал булыжники,

Не почитай его тотчас предателем.
Быть может, он прибит к земле усталостью,
или, как Петр в ночь перед распятием,
пал легкой жертвой мимолетной слабости.

Не торопись с вердиктом непрощения,
как те, кто чужд прощению и милости.
Быть может, он столкнулся с искушением,
которое тебе и не приснилось бы.

С вершин своей неискушенной святости
не рассуждай о том, что видишь точечно.
Никто не брызжет ядом, если радостно,
никто не воет волком, если солнечно.

. . .

Поброди по окраинам мысленно, посети в округе больницы.
Загляни в души к тем заштопанным, у кого расходятся швы.
И тогда бунтовать расхочется, и расхочется ныть и злиться,
и ты снова весну почувствуешь и причастность ко всем
живым.

Загляни в холодильную скважину: у кого-то сегодня – пусто.
Посмотри: кто-то делит бережно каждый вечер свои гроши.
И тогда карантинные жалобы превратятся в смешное
чувство,
и тебе, может быть, захочется для других этот день прожить.

Облети всю планету мысленно, побывай в африканских
странах,
где на завтрак, обед и к ужину смерть проходится по домам.
И великие войны с вакцинами в меньшей мере покажутся
странными,
и спасибо сказать захочется всем ученым и докторам.

А не хочешь по миру странствовать – посети соседнее
кладбище,
там, где в масках на расстоянии провожают в последний
путь.
И счастливым себя почувствуешь: дети живы и сам ты жив
еще.
Посидим еще дома, миленький, ну, потерпим еще чуть-чуть.

• • •

К трагедиям сегодня мир привык,
замылились глаза, оглохли уши.
Мы видим лица и не видим души,
мы слышим смех и не выносим крик.

Так много мольб о помощи и слез,
так много бед, что мы уже устали
от этих просьб и думать перестали
о том, что это жутко и всерьез.

И когда кто-то боль откроет нам,
и эта боль покажется нам странной,
мы скальпелем расковыряем рану,
чтоб точно знать, что это не обман.

И хлынет кровь из раны, выйдет гной,
а мы лишь бросим, пробегая мимо:
«Ты там держись и верь, что Бог с тобой»,
и поспешим домой к своим любимым.

Черствеют постепенно. Замело
умы. Привычка остудила души.
Но если мы сегодня равнодушны,
то завтра оправдаем чье-то зло.

. . .

Помолись за меня, когда дух мой не в силах молиться,
заступись за меня пред Отцом, когда злобствует враг;
мне не нужно богатства – дай к силе Твоей
                                        причаститься;
мне не нужно свобод, лишь держи меня крепко
                                        в руках.

Знаешь, сколько молитв недосказанных порваны
                                        в клочья?
Нервно комкаю фразы, не зная, какую избрать.
Помолись за меня Своим слогом божественным, точно
синтезируя слабость мою и Твою благодать.

Помолись за меня в счет бессонниц моих. Без укора
подними меня вверх, когда хочется с горки и вниз.
А я буду молчать и вдыхать Твою волю покорно…
Только Ты обязательно там за меня помолись.

АРИТМИЯ

Трепетная, чистая, живая,
золотую чашу до краев
ночь людскими снами наполняет,
души под ногами у нее.

Мне б вернуться, чашу опрокинуть,
отыскать фрагменты старых снов –
замарают соком мандарины
пустоту больничных потолков.

Когда нет опоры под ногами,
вздрагивает верой каждый нерв:
вдруг надежды сложат в оригами,
одеяло спрячут в шифоньер
высшие персты. Смирится разум,
Бог услышит ржавый скрип молитв.
И пойму, пусть медленно, не сразу,
аритмия – это Божий ритм.

Он изготовляет Сам лекала.
Бьются сны под кожей давних лет.
Горький запах терпкого какао
чествует сиреневый рассвет.

. . .

Дай, Боже, не быть в шайке во́ров чужого добра
и в пестрой толпе, что игриво глаза закрывает
на то, как крадут кирпичи из чужого двора,
провозят сквозь храмовый двор и свое отмывают.

Дай, Боже, не быть в стае тех, кто подобен волка́м,
готовым тотчас растерзать тех, кто мыслит иначе.
Дай не быть средь тех, кто размашисто бьет по рукам
трудящихся в церкви, и в поле, и ночью на даче.

Дай, Боже, левитов за глотки рукой не хватать,
кусок выдирая, что им по закону положен.
Не дай осквернить дорогую Твою благодать
ни жлобством открытым, ни скользкой изысканной
                                                                          ложью.

Дай, Боже, не быть в сонме тех, кто подобен волне,
шумящей, шипящей, пенящейся в море сомнений.
Дай, Боже, быть честной и верной и милость дай мне
не пасть под напором красивых, иных убеждений.

• • •

А знаешь, я не стану толстокожей
и грубой, сколько б пуль в меня ни встряло.
Мне поделом за искренность. Но все же
любви и так осталось слишком мало.

Кто чувствует, тот – легкая добыча;
кто верует, тех глушат мелкой дробью;
быть добрыми сегодня неприлично,
приличнее повыгодней задобрить.

И пусть мне говорят: «Так ей и надо»;
и пусть кажусь я глупой для кого-то.
Но, думается мне, мир был бы адом
без вот таких несчастных идиотов.

И знаешь, я не стану толстокожей
и грубой, сколько б пуль в меня ни впилось.
Коль я сумела – значит, это можно.
А грудь в крови… знать, сердце точно билось.

...

Мы круглый год творим свой мини-рай
и ждем, что нам с небес поставят лайк,
любви подкинут и благословений.
Мы заняты комфортом, но в поту
раз в год приостановим суету,
чтобы поздравить Бога с Днем Рожденья.

Поем о тихой ночи и о том,
как хорошо спасенным со Христом,
но не желаем, чтоб Он правил в сердце.
Лишиться страшно трона своего...
Так, может быть, нам чуждо Рождество,
как Ироду, что избивал младенцев?

· · ·

Мы себе придумали условности
и живем по выдуманным правилам.
Даже если это не по совести,
даже если это и неправильно.

Навлекли на голову страдания
и страдаем суматошно, истово,
громко, напоказ, без основания
за свою придуманную истину.

Изваяли сердцу добродетели
из остатков урожая высохших;
и зовем соседей во свидетели,
и косимся гордо на Всевышнего.

Выковали новых, модных идолов,
современных и облагороженных;
на костре сожгли вчерашних лидеров,
славя демократию восторженно.

Мы себе придумали статистику
и сверяем жизнь по показателям.
Только то, что мы считаем истиной,
на поверку – ложь в глазах Создателя.

· · ·

Быть примером друзьям, что пытаются властвовать
и искусно интриги сплетают из слов.
Ноги грязные мыть тем, кто в ночь гефсиманскую
ради сна под кустом тебя бросить готов.

Научиться любить без упреков и горечи,
разделять с ними хлеб и остатки души.
Быть не светом для них, а системой их солнечной,
не сочувствовать скупо, а вжиться в их жизнь.

Научиться дарить не ненужное, лишнее,
но и в кризис делиться последним добром.
Не кивать между дел, а внимательно выслушать,
когда нужно. Быть братом, а где-то отцом.

Плакать вместе с Марией, и праздновать с Лазарем,
и любить бескорыстно Петров и Иуд –
вот таким бы стать другом. И пусть они разные,
пусть меня не поймут или даже распнут.

Души нынче – high tech.
И срослись с одиночеством.
Tete-a-tete с Интернетом удобнее жить.
Все равно очень верить в хорошее хочется,
вскрыть, как яблоко, сердце и людям дарить.

• • •

Заходится безбожьем темнота,
и кашляет угарно ветер сонный.
Порядковые выданы места
страдальцам звездным ночью беззаконной.

Как страшно! Лишь зажмуриться, и выть,
и сквозь года размякшим сердцем слушать,
как гулко стены газового душа
пронзают души…
чтобы вечно жить.

. . .

Мне перед гневом Всемогущего не прикрыться свечой.
И не задобрить Небо пасхальными куличами.
Стою перед грехом-гигантом с неисправной пращой,
пытаясь зло отвадить бесчисленными мольбами.

Подспудно я, конечно, где-то верую в благодать,
но только лишь в такую, за которую нужно бороться.
В ту благодать, которую нужно всю жизнь стяжать,
в ту благодать, которая лучшим лишь достается.

И я вгрызаюсь в камни не на жизнь, а на смерть,
и ценник прикрепляю к безумным своим стараньям.
Готова даже пафосно – на жертвенник. Умереть.
Купить себе прощение. Заслуженное. Страданьем.

Но перед гневом Всемогущего не прикрыться свечой…
Стою перед Голгофой, измученная и нагая.
И всем бессмертьем чувствую… тепло… горячо…
То Кровь Христа Распятого нечестье мое смывает.

• • •

Если чуждо душе смирение
и не знаешь, что значит сдержанность,
не цитируй доктрин спасения,
не позорь понапрасну Сперджена.

Коль не ведает ум прощения
и казнит всех за взгляды несхожие,
не кричи о своих убеждениях,
не позорь в мире церковь Божию.

Коль от злости сперло дыхание,
в споре рвешься быть победителем,
не цитируй места Писания,
не позорь своего Спасителя.

. . .

Бог убирает все мои подпорки,
и падаю, почуяв слабость ног.
И умирает в муках моя гордость,
являет силу только в кротких Бог.

Так пусть во мне сияет Божья сила,
пусть буду нищей, немощной, пустой.
И эту пустоту Господня милость
заполнит нескончаемой рекой.

• • •

Как типично – взбираться на башню с пакетом семечек,
и плевать оттуда на всех, и судить, разглядев лишь
                                                            лысины.
Неуемная страсть к критиканству, быть может, лечится,
но не язвы насмешек злых над чужими жизнями.

Вот скажи, почему тебе нужно выкрикивать несогласие,
оглашать свое мнение тем, кто тебя об этом спрашивал?
Эти люди, которым плюешь на шляпы, не будут
                                                            счастливы
от твоих идей, грандиозных для жизни каждого.

Как естественно это – везде выпячивать свое мнение!
Этот краденый навык в Эдеме – судить самому, что
                                                            правильно.
Только вот беда – мы ослепли. И все суждения
о добре, о зле, и о людях грехом отравлены.

Строить свой Вавилон, свою башню, сместить
                                                            Всевышнего
с Его трона, украсть права Его на суждение –
как же это типично! С пакетом семян нечищеных
влезть на башню свою в предвкушении развлечения.

• • •

Как ручная клюю из открытых ладоней сахар
и пощечины злые от тех же ладоней терплю
ради сладких крупиц.
Ну не гадко ль, ходить перед сильным в страхе,
говоря, как роскошен наряд его, голому королю?

Ну не горько ли, врать себе, веря в любовь по-детски,
и наивно искать мандарины под Новый год?
Лес-то срублен давно… наши елки пошли на щепки,
и под елкой никто ничего уже не найдет.

Прагматичность и выгода – вот она, новая вера:
если выгодно, значит, так надо, и значит, люблю…
Только я еще верю в добро просто так, каждым
                                    треснувшим нервом,
когда сахар и хлеб из открытых ладоней клюю.

• • •

Вторгаться в душу слабым не под силу,
и сильным не под силу – только тем,
чьи жизни боль однажды посетила,
устроив в них смиренный Вифлеем.

Они не лезут грязными руками
в печаль к кому-то – выдернуть беду,
и в чей-то страшный грех не кинут камень,
красиво его в святость обернув.

Они скользят неслышно, словно тени,
целуют своим взглядом и целят
одним своим присутствием, томленьем
своих молитв о тех, кто видел ад.

Они не ставят пафосный диагноз
и, слыша запах горя за версту,
не заставляют пить горстями радость,
а тихо направляют ко кресту.

Их сердце не в груди, а на ладони,
открытое, живое, как цветок,
сгорает для друзей и посторонних –
в них виден Бог.

. . .

В наш век, когда сердцу не модно приказывать
и чувства – прямое пособие к действию,
блажен подчинивший эмоции разуму
владеющих духом в любых происшествиях.

Блажен тот, кто вовремя может откланяться,
при первых намеках эмоций бушующих,
не нужно ему ни победы, ни равенства,
ни правды, добытой в бою торжествующе.

Тот истинно славен, кто справился с мыслями.
Тому, кто владеет собой, как орудием,
мир с Богом дороже запятнанной истины
и добрая совесть ценней правосудия.

Эмоции губят в момент репутации,
великие – чувствами гнева повержены.
Кто ж сдержан в словах, тот король ситуации
и будет вовек господином несдержанных.

В наш век, когда правят инстинкты и празднуют
спонтанность свою и любые желания,
блажен подчинивший эмоции разуму,
а разум и жизнь подчинивший Писанию.

ПОГОВОРИ О ЛЮБВИ

Просится наружу темнота
из грехом измученного тела.
У подножья Твоего креста
выплачу Тебе, что наболело.
Разольется молоком вино
по гортани, растревожит душу,
и пойму, что только Ты мне нужен,
так бесповоротно и давно.

Сердце наполняет чистота
медленно и так непостоянно.
Вытряси моих богов карманных
у подножья Твоего креста.
Разнеси чужие алтари
новым вихрем старой благодати
и опять у Своего распятья
о любви со мной поговори.

• • •

Развлекаются верные, корча спектакль на публику,
из игнора и лайков выстраивая монолог.
В церкви, в жизни реальной они не рискнут быть
                                                грубыми –
потеряют лицо, и еще не одобрит Бог.

В виртуале ж царит ощущенье, что Бог в долгом
                                                отпуске
иль не может узнать в этих масках собратьев Христа,
в этих злобных устах, в этих полных презрения
                                                опусах,
и в трусливых дислайках, и в грязных перепоста́х.

Увлекаются верные чувствами и желаньями
править в этой игре и героем побыть хоть здесь.
Хотя, может, игра – это то, что зовут собраньями
в воскресенье.
А это – реальная жизнь и есть.

. . .

Обнови мою душу, как старое платье,
изживи все мое, все узлы развяжи;
как домой, возвращай меня снова к распятью,
чтобы влить в меня силу на новую жизнь.

Дай от старых обид отряхнуться свободно,
как водой, упиваясь любовью Твоей.
Каждый день быть пустой, чтобы духом голодным
ощущать вкус Священных Писаний новей.

Восхити меня дивным Твоим благородством,
ослепи Своей славой, яви Свою мощь
в моей немощи так, чтобы виделось сходство
с Твоим Сыном во мне, чтобы проще жилось

Всем, кто будет со мной ненароком встречаться,
всем, к кому прикоснусь по пути невзначай.
Дай мне милость Тобою насквозь пропитаться
и в избытке Тебя каждый миг источать.

• • •

Ты целуй меня в душу живыми словами,
излечи мою боль мягким взглядом своим.
Я вчера до утра развлекалась с друзьями,
а сегодня Ты будь лучшим другом моим.

Мне, конечно, уже не впервой разоряться
на фальшивую верность прохожих бродяг.
Но Ты в каждой из этих моих ситуаций
мне показывал снова, как мудр Ты и благ.

Подпусти меня ближе к костру отогреться
и забыть, что пурга, что вокруг холода;
и целуй меня в душу...
да так, чтобы сердце
не тянулось бы к смертным уже никогда.

• • •

Не страшно, если что-то не успели
или с годами стал короче шаг.
Куда страшнее, когда в юном теле
живет пустая, дряхлая душа.

Не страшно, если где-то оступились
или земля уходит из-под ног.
Куда страшней, когда под слоем пыли
изжитый дух не в силах сделать вдох.

Не страшно, если вам за убежденья
придется поплатиться головой.
Куда страшнее, когда просто мненье
возводится в ранг истины святой.

Не страшно, если в чем-то не уверен,
и ищешь путь, и плачешь, что болит.
Куда страшнее встретить лицемера,
который не уверен, но кричит
или молчит при всех красноречиво
в прогнившей фарисейской правоте.

Как страшно, видя свет, не быть счастливым,
ходить за Ним, но не быть во Христе.

. . .

У сломанных судеб особенность редкая –
искать Сына Божья в бегущей толпе,
чтоб к краю одежды прильнуть незаметными
и новую мощь обнаружить в себе.

Они, истощив все методики сложные
кудесников хитрых и умных врачей,
в отчаянье вєрят теперь в невозможное –
небесную милость. И молят о ней.

У сломанных судеб великое качество –
в своей нищете уповать на Того,
Кто, зная, как много ресурсов истрачено,
готов насыщать от стола Своего.

У сломанных судеб возможность особая –
во всей полноте ощущать Божью мощь,
в том тайна и промысел Пастыря доброго,
пусть ради того и сломаться пришлось.

• • •

У камина сидишь в теплых тапочках,
исполняешь колядки на бис,
не запутайся в елочных лампочках
и конфетами не подавись.

В Рождестве ничего нет волшебного.
Стражи точат мечи и грубят.
Бог отдал на распятье грешникам
в Сыне, бывшем от века, Себя.

Не ищи ни чудес, ни забвения
в Рождестве. Не гонись за мечтой.
Чудо – это Христа зарождение
в грешном теле Марии земной.

Не приписывай шарм и божественность
кутерьме, что зовут Рождеством.
В том есть истинная рождественность,
чтоб склониться перед Христом.

• • •

Не привыкайте к красоте лесов,
к покою ночи, к волшебству рассветов,
к лавандовому бархату ристретто
и к теплоте случайных чьих-то слов.

Не привыкайте к книгам и дождям,
к раскатам грома и ветрам холодным,
к тому, что пьете чай с янтарным медом,
вдыхая запах солнца по утрам.

Не привыкайте к старым городам,
к своим домам и улицам знакомым.
К церквям поместным, скромным и огромным,
и к разговорам долгим по душам.

Дышите полно. Жизнь не навсегда.
Цените каждый миг. Запоминайте.
И главное...
к любви не привыкайте...
не привыкайте к близким никогда.

• • •

А я уже не считаю, как раньше, свои года и потери.
Каждая пуля делает в сердце дыру все глубже.
С каждой новой стрелой в моих крыльях все меньше
                                                    перьев.
С каждой пройденной милей земной понимаю, что
                                              небо лучше.

И я уже не меряю ночью, как раньше, температуру.
Градусник вжился в ткани моих болевых ощущений.
Если жар и озноб, то я знаю, что тучи хмурые
разразятся мольбами души и наступит ее смиренье.

И я уже не жалею, как раньше, о том, что прожито.
Каждая капля времени – микстура из чаши свыше.
Что кому-то яд, мне – лекарство. И дни хорошие,
и плохие дни наклоняют небо к земле поближе.

БОГ В ТЮРЕМНЫХ КАМЕРАХ

За веру где-то мучимы святые,
как прежде, их сжигают на кострах.
О Боже, ну какие ж мы пустые
в своих комфортных маленьких мирах!

Дома, машины, шопинг, рестораны…
У нас еще так много впереди.
Живем: «Господь, не приходи так рано…»
А кто-то молит: «Господи, гряди!»

Мы соблюдаем внешность церкви строго:
оркестры, хоры, безупречный ход
богослужений.
Полируем Бога.
А чья-то церковь – голый небосвод.

Мы шумно собираемся с друзьями,
болтаем, плоско шутим, жизнь кипит…
И думаем, что Бог пирует с нами,
а Бог в тюремных камерах скорбит.

Он с теми, чья одна мечта – о горнем,
кто знает вкус страданий со Христом.
А мы пустили крепко в землю корни
и потому мечтаем о земном.

За веру где-то мучимы святые,
как прежде, умирая на крестах.
О Боже, ну какие ж мы смешные
в свой дешевой жизни для Христа!

• • •

Как же сильно мы жаждали яркого благополучия!
Как стремились к свободе! Как долго мечтали о ней!
Но, ее получив, стали ль мы посвященней Христу?
                    Стали ль лучше мы,
чем гонимые деды и прадеды наши в стенах лагерей?

Стали ль чаще читать разрешенные нынче Писания,
не боясь за детей, без угрозы арестов ночных?
Убежденнее ль стали других призывать к покаянию,
больше ль стали молиться с постом и слезами о них?

Как же долго мы жаждали этого благополучия!
Открывать миру Бога мечтали и верою жить.
А теперь, как сбылось, верим как-то от случая к случаю
и о Боге лишь в спорах в сети мастера говорить.

Вот такое оно, это яркое благополучие.
Свод пьянящих свобод разжигает желанье владеть
миром всем, сделав веру дешевой и скучною...
За дешевую веру никто не готов умереть.

• • •

Спасибо тем, кто чувствует. Вы знаете,
какая редкость – чуткость между нами?
Вы, как хирурги, раны зашиваете
за теми, кто их злобно рвет клыками.

Спасибо тем, кто верует в хорошее,
кто щедро открывает ставни в душу.
Я в двери гостем не войду непрошеным
и ваш покой священный не нарушу.

Спасибо тем, кто рядом даже мысленно;
и, может, между нами океаны,
мне кажется, что вы взгрустнете искренне
в тот день, когда моих стихов не станет.

• • •

Уметь сочувствовать другим –
какое редкое уменье! –
Без лишних слов, без осужденья,
без жалоб и без сожаленья
покоем жертвовать своим.

Блажен он. Пусть таких немного,
пусть не поймет его толпа,
знать, в том и есть его судьба:
он служит всем с душой раба,
но всех целит перстами Бога.

· · ·

Я хочу научиться слышать глазами,
когда души идут босиком по ка́мням.
Один взгляд неслучайный между друзьями
причащает к их ранам, к их скорбным тайнам.

Я хочу научиться целить ладонью,
чтоб единственным легким прикосновеньем
их вычерпывать боль, пропитаться болью,
до краев наполняя их утешеньем.

Я хочу научиться читать без писем,
по глазам, по губам, по невольным вздохам.
Мы, как птицы, зимой от тепла зависим,
так давайте быть рядом, когда нам плохо.

• • •

Когда от терзаний своих устаю,
когда я Тобой истребляюсь,
смиряюсь под крепкую руку Твою,
смиряюсь, Господь мой, смиряюсь.

Отраднее быть сокрушенной Тобой,
чем быть вне Тебя вознесенной.
Я знаю, Твой ангел закроет собой
меня и в печи раскаленной.

Верши Свой шедевр из осколков моей
души. Наполняй ее светом.
Я в этом горниле молюсь горячéй,
и я благодарна за это.

. . .

Ты знаешь, закати в сарай каток бетонный,
которым норовишь исправить чей-то путь.
И не топчись, как слон в гостях у посторонних,
пытаясь чью-то жизнь улучшить как-нибудь.

Тебе не по душе усталость и морщины
у ближнего на лбу?
Мещанством отдают?
А знаешь, может быть, на это есть причины,
а может, это шрам, полученный в бою.

Входя в чужую боль, не забывай разуться,
в чужом сухом лесу костер не разводи.
Не все колоды жмут.
Не все стихи поются.
И потому никак об этом не суди.

• • •

Врубая истины напор на всю катушку,
кромсаем в клочья немощи людей.
И мнится, будто исцеляем души,
а мы их губим грубостью своей.

• • •

Отношенья рвутся, словно волос,
люди ненадежны, как погода.
Проверяй все смертное на прочность
и не опирайся на кого-то,
слабого, подверженного страсти,
ищущего новых ощущений.
Ты же знаешь – только в Боге счастье.

Это выше чувств и отношений,
вымаранных в саже эгоизма,
вывалянных в грязи самомненья.
С Ним все так бесхитростно и чисто,
Он – стандарт высоких отношений.

Обещанья так дешевы нынче,
так пусты слова, безвкусны речи.
Не вручай своих печалей личных
в руки ненадежные и плечи
хрупкие не почитай опорой.
К водоемам не иди разбитым.
Обрати усталый взгляд на горы –
там твои и помощь, и защита.

БЕЗ ИСТИННОЙ ЛЮБВИ

Мы, умные и в меру скрупулезные,
метем из Божья храма всякий сор.
Как черствы мы в своей религиозности:
всех мытарей и блудниц – на костер!

Нам легче жить законом и уставами,
чем применять Христову благодать.
Куда удобней быть формально правыми,
куда удобней ближних исправлять.

Нам проще заклеймить инакомыслящих,
предать позору, выкинув за стан,
чем попытаться их понять и выслушать,
являя милосердие Христа.

Нам бы учиться у Него принятию,
а мы сидим у фарисейских ног.
Распятья избежав, творим распятия
и слепо верим, что одобрит Бог.

Сбежав из ада, в ад толкаем истиной,
на ближних возлагая бремена,
Что сами не несем. И ходим чистые,
и цедим чью-то праведность до дна.

На наших и не наших делим праведных,
тех, кого Бог простил и обновил.
Ах, как же праведно живем мы… но неправильно!
По истине…
без истинной любви…

. . .

Можно жить по Писанью, каноны святить,
много умных, красивых речей говорить
о незыблемой истине, царстве добра
и в священном экстазе цедить комара.

Можно Gracia! Gracia! в храме кричать,
крепко, сталинской хваткой душа благодать,
знать все sola и, чтя подвиг давних времен,
превратить реформацию в жесткий закон.

Можно, в рвенье по Богу горя ярче всех,
линчевать неугодных прилюдно за грех,
чище праведных быть и правдивей отцов,
все иметь и забыть, что такое любовь.

Можно быть самым правильным в жизни своей
и услышать потом: «Отойди, фарисей!»

• • •

Часто было – меня топтали,
мою правду считая лживой,
и неправильно толковали
мои искренние мотивы.

Также было – меня боялись,
гордой выскочкой почитали,
а я стойко оборонялась,
притворяясь, что я из стали.

Часто было... да, все случалось.
Обжигалась, но не училась.
Больно падала, поднималась,
быть хорошей для всех стремилась.

Пока Бог не явил мне милость,
переплавив мои понятья.
Сердце выросло, окрылилось
и наполнилось благодатью.

. . .

Как быстро привыкается к хорошему,
мы Божье часто делаем своим,
и принимаем благодать как должное,
и милостью уже не дорожим.

С обычными проблемами свыкаемся,
грехи свои ошибками зовем.
И по привычке молимся и каемся,
прощенье словно должное берем.

Пытаясь разрешать задачи сложные
и с головой погрязнув в суете,
мы принимаем Крест Христа за должное
иль просто забываем о Кресте.

Мы мастерски жонглируем доктринами,
цитируем Писание на бис.
Но ежедневно признаем бессилие,
когда идем с грехом на компромисс.

Так сложно в мире жить совсем по-Божьему,
как в первый раз вкушая благодать...
Как быстро привыкается к хорошему,
не дай Господь, придется отвыкать!

СЛУШАТЬ

Трагедия.
Мы разучились слушать.
А может, не умели никогда.
В грохочущей вселенной глохнут души,
становится обыденной беда.

Впиваясь в цифровой носитель взглядом,
вливая в мозг потоки новостей,
не видим и не слышим тех, кто рядом,
не слышим даже совести своей.

Мы отвечаем близким по привычке
и потому все чаще невпопад.
Безликость нынче в тренде,
стерлась личность,
пустые фразы, а глаза молчат.

Трагедия! Как мало тех, кто слышит
в кричащем мире стон усталых душ,
простых бесед никто уже не ищет,
исчезла тишина из списка нужд.

Давайте вновь учиться слушать звуки,
как музыкой, проникнемся насквозь
словами, болью, шепотом друг друга,
чтоб сердце размягчилось, разрослось.

Давайте по-младенчески вживаться
в забытый мир без масок и прикрас,
по-новому любить и восхищаться,
и слушать... слушать...
...словно в первый раз.

• • •

Как смешно мы хотим быть богами
на планете, где люди – рабы
страха смерти.
И будем рабами,
пока нас не уложат в гробы.

Как печально стремимся подняться,
дотянуться до неба и до
отдаленных созвездий добраться,
словно вырваться в рай по УДО.

Свято чтим совершенство, но грешны,
славим небо, а в душах – труха.
Горький сахар, паленая свежесть:
парадоксы – проклятье греха.

Все греховные ставки жестоки,
нам не выстоять в этой войне.
Как забавны мы, смертные боги,
в своей мелкой мышиной возне!

• • •

Я думала, сыпкий песок – основание крепкое,
надежной защитой почла отношенья бумажные.
Петух же давно себе глотку сорвал, кукарекая,
пытаясь по-своему высказать мне что-то важное.

Я думала – жемчуг, а то были скалы подводные,
крепила канат – оказалось, дырявые простыни,
забыв, что за кашу голодный продаст даже родину,
а в смертных телах предают даже Божьи апостолы.

Пустых краснобаев земли почитала мессиями,
они о любви мне так красочно врали с три короба.
Наивно и преданно верила в сказку красивую,
ища очертания стен Изумрудного Города.

И вы мне, конечно, сейчас улыбнетесь заботливо
и скажете: «Чушь! Здесь так много хорошего», –
                                                                    скажете.
Но только прозренье приходит, и видишь отчетливо,
что желтый кирпич и друзья – приложенья
                                                              на гаджете.

НАМ ПРОЩЕ ВНОВЬ ИСКАТЬ ХРИСТА ВО ГРОБЕ

Как часто нам груз веры неудобен,
нам легче полагаться на себя,
нам проще вновь искать Христа во гробе
и удивляться, тела не найдя.

Страшны нам чудеса и непонятны,
и Бог, простивший нас, порою чужд,
мы, те, кто были со Христом распяты,
не верим в силу воскрешенных душ.

Нам, стиснув зубы, проще покоряться,
чем уповать на Божью благодать,
как будто бы верней самим спасаться,
спасенье то терять, то обретать.

Удобней верить, что мы как-то можем
своим добром на Бога повлиять.
Надежней придержать немного вожжи,
чтоб ненароком рай не проскакать.

О, каково бы было удивленье
и скольких б избежали мы скорбей,
коль мы б прониклись силой воскресенья
и пользовались ежедневно ей!

Пусть Бог смиряет черствых нас и гордых
и учит видеть старый гроб пустым.
Учитель наш уже воскрес из мертвых,
и мы давно воскресли вместе с Ним!

Я ТАК УСТАЛА БЫТЬ ФОМОЙ

Прости, что я порой живу
не верой, а по настроенью,
что в гости жалую Фому,
с его сарказмом и сомненьем.

До ран дотронуться хочу,
чтобы в любовь Твою поверить,
непостоянной силой чувств
пытаюсь благодать измерить.

Я знаю – вера где-то есть,
но жажду ощутить сильнее...
Прошу знамений и чудес
почти уже, как фарисеи.

Прости за пошлые весы,
где я пытаюсь взвесить милость.
Умею мастерски просить,
но плохо верить научилась.

Прости, что праведность Твою
законом часто заменяю.
И усложняю жизнь свою,
лишь веря в то, что понимаю.

И святость сердца, и покой,
и веру меряю по граммам...
Я так устала быть Фомой,
дай милость стать мне Авраамом.

. . .

Мы привыкли к формальности, чтоб не вдаваться
                                            в частности,
не выпячивать души свои наружу на обозрение.
А иначе, не дай Бог, примут душу за развлечение,
и придется искренность наспех прятать для безопасности.

Мы привыкли к красивой такой и вежливой,
                                              но бездушности.
Людям незачем знать о том, хорошо ли, плохо ль нам.
Если с кем-то от сердца, то лишь в темноте и шепотом,
чтобы повод не дать случайно быть обвиненным
                                              в глупости.

Мы привыкли к общенью без взглядов и строгости, как
                                              в математике.
Вся душевность, что есть, на поверку лишь бутафория.
А кому интересны печаль наша и история?
А кому сподручно нам помогать на практике?

Мы привыкли и к дружбе картонной, чтоб без посвящения.
Не клялись перед Богом и в ЗАГСе, нигде
                                              не подписывались.
Коль оказия будет – подружим. Но так, чтобы издали,
так, чтоб, если и вдруг, было место для отступления.

Мы привыкли к такой полированной получестности,
чтоб формально верить, формально в молитве кланяться,
а сорвать формальность – и что там от нас останется?
И душа растеряется у врат неформальной вечности.

. . .

Ты не сетуй на счастье свое второсортное,
не желай чьей-то яркой и громкой судьбы.
Не проси тех сапог, что камнями не стертые,
ты не знаешь, что было б с тобой, если бы.

Не завидуй янтарным салютам и празднествам,
не ищи знаменитых и умных друзей.
Все не так однозначно, как издали кажется,
не суди о других с колокольни своей.

Ты не знаешь, что там, за резными фасадами,
может, двор весь порос сорняковой травой.
Хочешь места на сцене? Подумай, а надо ли
кем-то быть для кого-то и не быть собой?

Не жалей, что ты болен. Быть может, страдания
сохраняют тебя от падения вниз;
а другие, взглянув на твои испытания
и смиренье, поверят в загробную жизнь.

Не печалься, что путь, для тебя предназначенный,
на уставший твой взгляд, хуже чьих-то дорог.
В каждом вдохе твоем есть особая значимость,
каждый шаг безошибочно выверил Бог.

* * *

Я – глиняный сосуд. Не мне превозноситься,
не мне убогий вид цветами украшать.
И если хочет Бог разбить меня – разбиться
за честь почту.
Пред Ним осколками лежать –
такое благо. Он являет Свою Славу
в разбитости моей. И трещины мои
нужны мне, чтобы мне напоминать о главном:
о том, что честь моя и праведность – в крови,
пролитой на кресте. И чем сосуд дешевле,
тем крепче Божий перст, дороже благодать.
Чем немощи видней в невоскрешенном теле,
тем ярче может Бог через меня сиять.

В случайном свете рамп, во мраке ситуаций
в руке Творца земли я просто глины ком.
И потому пред Ним я буду умаляться,
и потому хвалюсь Голгофой и Крестом.

СМИРЕННЫЕ

Представляя иное мнение,
не плюют на людей вокруг
Ах, какое приобретение –
перед Богом смиренный дух.

Отдавая себя на служение,
не кричат о заслугах вслух.
Ах, какое же украшение –
перед Богом смиренный дух.

Даже глядя на достижения,
не признают своих заслуг.
Ах, какое благословение –
перед Богом смиренный дух.

И нехитрое дело, кажется,
отчего ж таких не сыскать?
Как же хочется, как же жаждется
быть такой. Научиться. Стать.

. . .

Не пытайся блеснуть перед публикой,
не толкуй ей про разум и честь.
Есть мгновения между дублями,
когда ты настоящий, как есть.

Есть моменты, когда проверяются
убежденья в случайном огне.
В нем стремительно расплавляется
фальшь любая, как снег по весне.

Под напором эмоций срываются
маски с сердца до голого «я».
И оно так упорно старается
скрыть свою наготу от огня.

Неизбежно приходят мгновения,
когда ветер срывает пальто;
и тогда твое поведение
выявляет, кто есть ты и что
для тебя основаньем является,
в чем твое упованье и честь.

Все заслуги до точки сжимаются,
когда ты настоящий, как есть.

• • •

А вы попробуйте показать друзьям своим душу.
Не фигуру точеную, не семью на зависть, не жизнь
                                         дорогую,
а богатство внутри.
Чтобы кто-то сказал: «Послушай,
вот это душа! Я тоже хочу такую!»

А вы попробуйте оказать врагам своим милость,
да так, чтобы это смотрелось не как подачка,
а как дар в юбилей. Чтобы чья-то душа восхитилась:
«Я тоже хочу дарить и миловать всех без сдачи».

А вы попробуйте показать всем знакомым свое
                                         смиренье,
не желанье быть правым, не блеск куража и азарта;
показать не обертку души, а, как есть, ее наполненье,
и пусть в профиле это будет визитной картой.

Вот попробуйте сделать селфи души без фильтров
и увидите, как она с инстаграмом вашим расходится.
И увидите в ужасе, сколько там грязи и сколько пыли.
Может, нужно уже начать о своей душе заботиться?

. . .

Мою ценность Бог определяет –
не числом моих пустых заслуг.
В Его славном царстве не бывает
ни ничтожных, ни тщеславных слуг.

Он во мне желание производит,
а затем и действие творит.
Все к Нему и от Него приходит,
для Него душа дотла сгорит.

Его мощной силой существую,
Он во мне и слаб, и всемогущ,
Он во мне зависимость благую
порождает – и я жить учусь

В нищете, на милость уповая,
приходя перед Его престол.
Мою ценность Бог определяет
тем, что Сам во мне и произвел.

• • •

Мы живем на изломе событий:
непонятно, кто друг, а кто враг;
где регресс, а где свежесть открытий –
мысли всмятку, а надо б в кулак.

Мы живем на игле ощущений.
Упиваемся ветром свобод,
и уже не имеет значенья,
кто на что свою жизнь отдает.

Мы живем на изломе желаний:
как желается, так и живем.
И не ищем уже оправданий,
и кидаемся в пекло живьем.

Мы живем на изломе эмоций:
воля – всмятку, а надо б в кулак.
Оттого-то так хрипло поется
о Христе или вовсе никак.

• • •

Медный таз. Полотенце и мыло. Какие перчатки!
Нет, перчаток там не было… запах нечестия был…
Вот Иуда подставил Тебе свои грязные пятки,
и ты с нежным вниманием их без упрека умыл.

Как ты мог, Иисус? Как ты мог быть таким
                                      милосердным?
Сколько б я ни пыталась, такой мне вовеки не стать!
Ты велел быть последним тому, кто желает быть
                                        первым,
понимаю… но, Господи, ноги врагам умывать?!

Не умею себя отдавать так, как Ты, без остатка,
не умею прощать бесконечно и чисто любить.
И к проблемам других прикасаюсь в трехслойных
                                        перчатках,
а простив прегрешенья, никак не могу их забыть.

Я б Иуду ногой отшвырнула. Люблю справедливость –
и друзей, и врагов отдаю на свой собственный суд.
Не умею оказывать даже ничтожную милость,
прямиком отправляю на казнь своих мелких иуд.

Научиться бы мне находить подкрепление в Боге,
небесам покоряться, страдальцу Христу подражать.
Когда люди протянут ко мне свои пыльные ноги,
научиться б смиренно с готовностью их умывать.

• • •

Нам никто не обязан ничем,
ни жалеть нас, ни ждать, ни любить.
Потому научиться бы всем
отношенья благие ценить.

Не смотреть чтоб в чужой огород,
в свой колодец родной не плевать
и за чей-то скудеющий счет
своих целей не достигать.

Нас никто не обязан ценить,
справедливей быть к нам и добрей.
Научиться бы праведно жить
независимо от людей.

Научиться б не ждать чтоб совсем,
научиться бы отдавать...
Нам никто не обязан ничем,
оттого и ценней благодать.

. . .

Не стремись ни к признанью, ни к почестям,
ни к любезностям, ни к похвалам.
Не слова будут пусть твоим почерком –
пусть тебя узнают по делам.

Пусть тебя узнают по смирению,
сделай кротость визиткой своей.
И тогда не падешь под давлением
популярного мненья людей.

Подозрительны шествия пышные –
лестью свой не уравнивай путь.
Не влезай на подмостки прогнившие.
просто будь.

• • •

Жить нужно так, чтоб после вашей смерти
образовалась где-то пустота.
Жить так, чтобы в глазах любовь и вера
читались, словно музыка с листа.

Жить нужно так, чтоб не было секретов,
чтоб не бояться сплетен и молвы.
Жить так, чтоб все, что в мире недопето
другими о Христе, допели вы.

Жить нужно так в деревне и в Париже,
чтобы уход заметил ваш сосед,
не потому, что рядом стало тише,
а потому что вдруг померк весь свет.

. . .

Не ищи сучок в глазе павшего брата. Случилось...
Он сломал себе ноги, и душу, и позвоночник,
и ему нужна помощь, больница, кредит в рассрочку
на твое снисхожденье. Беспроцентный кредит
                                             на милость.

Не жди совершенства от уставшей церкви поместной.
Не вини ее за морщины, за слабость и за усталость.
Видишь впалые щеки ее? Ты сам и есть эта впалость.
Слышишь пресное пенье там? Ты сам и есть эта
                                             пресность.

Не сетуй на голь своего государства грешного.
За крестами всегда стоит именная очередь,
и, конечно, распятым быть никому не хочется,
но, кто не был распят, тому не понять Воскресшего.

Не ищи, не жди и не сетуй на безнаказанность
беззаконных. Такая судьба у праведных.
Они верят, и милуют, и поступают правильно,
и свою нищету души не боятся праздновать.

. . .

А Бог не боится бактерий, вирусов и болезней.
Он ходит в толпе и видит нечестие, скрытое маской;
Он видит накипь на стенках разума, видит плесень
от привычных грехов. Он видит все души насквозь.

Бог знает, что нам привычнее действовать
                                             по обстановке,
чем жить по вере и правде и поступать как надо.
И мы неуклюже спешим затеряться в густой массовке,
попав под прожектор Его вездесущего взгляда.

Он знает всю нашу греховную сущность, всю нашу
                                                   трусость
и вопреки всему дает нам живой источник
реальной силы, чтоб мы воспаленные чувства
могли держать под замком, проверяя его
                                              на прочность.

Бог знает, что мы ничтожны, трусливы и малодушны;
а в важных духовных битвах наивны, порой беспечны.
Но ежедневно Он Свое Слово вживляет в души,
и это Слово магнитом мощным нас тянет в вечность.

. . .

Счастливые живут не напоказ.
Они парят естественно, свободно,
стать пищей не стремясь для праздных глаз
и повод не даря молве народной.

Их счастье тихо, ровно, как река,
обширно, мудро и на милость щедро.
Они страдальцев зрят издалека
и укрывают их теплом от ветра.

Им некогда в собраниях блистать,
до блеска драя статус и мотивы,
и незачем себя приукрашать,
крича другим: «Смотрите! Мы счастливы!»

Им глянец чужд, и пафос не для них,
им счастье – повод окружить заботой
забытых, обездоленных, чужих
и стать на деле другом для кого-то.

Они привыкли к жизни в тишине
и не бегут на сцену за толпою.
Они живут… и счастливы вполне
любовью Божьей и Его покоем.

• • •

Как же часто я сердцем завишу
от изменчивых, мелочных чувств.
Как боюсь быть ненужной и лишней,
и непризнанной быть боюсь.

Как готова на жертвы любые
за один безупречный наряд.
Словно буду ценней и любимей,
коль начищу до блеска фасад.

Как сорока, в душе обнищавшей
достиженья годами коплю –
отношений ненастоящих,
устремлений, что не люблю.

И живу, чтоб живою казаться,
и кормлю все живое собой.
Только б выброшенной не остаться,
обесцененной и чужой.

И томлюсь в этом призрачном рабстве,
в одиночестве и пустоте,
забывая о вечном богатстве,
что имею уже во Христе.

У Него нет ненужных и лишних,
у Него не бывает потерь,
я теперь от Него завишу
и могу Его силой теперь
не зависеть от слов и мнений,
не бояться людей, а любить.

О, великое благословение –
совершенной пред Богом быть!

ЖИВИ!

Живи, душа! Пей благодать, как воду,
плыви, освободившись от оков
шальной толпы. Не чувствуй ей в угоду,
не мысли ради куража умов.

Толпа тебя размелет жерновами
полярных мнений, домыслов зевак
и выплюнет цинично со словами,
что ты чужак... что все в тебе не так.

Все для толпы становятся плохими,
здесь не бывает ближних и своих.
Пари над этой мировой стихией,
пусть не опалит буря крыл твоих.

Живи как есть. Купайся в благодати.
И пусть толпе смешна твоя тропа.
Иначе ты очнешься на распятье,
и смерть твою отпразднует толпа.

• • •

Блаженны те, чьи мягкие сердца
под зноем испытаний размягчились.
Те, кто в смиренье, не подняв лица,
сложили волю на алтарь отца
и под десницу крепкую смирились.

Реально сострадать умеет тот,
кто сам прошел чрез боль и испытанья.
Он ближнего в грехе не упрекнет
и к дальнему в беде тотчас придет,
барьеры одолев и расстоянья.

Тот счастлив, кто воистину скорбит
за жизнь других и разрывает душу
за тех, чья боль сильней своей болит.
Он верит и живет, как говорит,
а может, даже искренней и лучше.

Блажен тот, чья земная красота
с небесной красотой перемешалась.
Он знает, как смиряться у креста
и растворяться в красоте Христа,
когда Христос – Единый, что осталось.

. . .

Ну, скажите доброе слово, если кому-то больно.
Поднимите с колен упавшего, пусть и грязного.
Сами грязными были. Ну, вспомните… и довольно
очищать внешность блюд и чаш по особым
                                                             праздникам.

Улыбнитесь всем нищим радостно, без притворства,
сами были… да что там нищими – были мертвыми.
Не взбирайтесь трубить на крыши – живите просто,
говорите о Боге тихо, без слова гордого.

Укрепите слабых, вступитесь за брата робкого,
не учите пафосно, просто с любовью слушайте.
В нашем мире сегодня так дешево стоит проповедь
и так дорого стоит простое неравнодушие.

• • •

Тиха пасхальная неделя,
посевы всходят наугад.
Апрель задумчивой пастелью
раскрашивает спящий сад.

В колодце, темном и глубоком,
промокли клочья облаков...
как неуклюжие намеки
на безответную любовь.

Здесь над тюльпанами беспечно
выводят пчелы пируэт,
как будто расцветанье вечно,
как будто смерти больше нет.

. . .

В этом мире у каждого есть свое небо с тугими тучами,
потому бестактно не тычь кому-то в лицо своей
                                                 радугой.
Не суди чью-то боль души, пока сам
                                   ее не прочувствуешь,
не зови бежать марафон, пока ближний не встанет
                                               на ноги.

В этом мире у каждого есть свое личное одиночество,
потому не ори на весь мир о любви и благополучии.
Не хвались ни семьей, ни судьбой, ни наличьем счастья
                                               непрочного,
заслуг твоих в этом нет. Все от Бога тобой получено.

В этом мире у каждого есть свои достиженья
                                             и празднества,
потому никогда не лезь со своей оценкой непрошеной.
Тебе кажется – ерунда. А для ближнего – это разница
между светом и темнотой, достижение невозможного.

В этом мире у каждого есть паденья свои и слабости,
потому не руби с плеча тупым топором обличения.
И найдя кого-то в ночи, не слепи ореолом святости,
наклонись к нему, подними и молись о его исцелении.

* * *

Бывает, кто-то в глупой ревности
презренно плюнет в твой успех,
И вот, ты не икона зрелости,
а слабый грешный человек.

И в сердце боль не помещается
из-за каких-то жалких слов…
Бывает так, когда смещаются
авторитеты и любовь.

Бывает так, когда забудешься
и уповаешь на людей.
Когда по-детски, глупо влюбишься
в свеченье тусклых фонарей.

Бывает так, когда пытаешься
быть милым каждому и всем,
не теми шумно восхищаешься
и аплодируешь не тем.

И лишь в тумане нарастающем,
когда уже толпе не рад,
ты вспоминаешь: уповающий
на человечество – проклят.

И хочется исправить прошлое,
предательства не вспоминать,
и пить, как воду, верность Божию,
и на Него лишь уповать.

СВОБОДНЫЕ

Мы, узники, гонимые когда-то,
привыкли быстро к дорогим дворцам,
к общеньям братским, к слову благодати,
к своим несуществующим правам.

Набив желудки с голодухи хлебом,
свободы наглотавшись сгоряча,
мним, что мы – боги, и танцуем слепо
под острием дамоклова меча.

Сегодня верить модно без горенья:
чуть-чуть во все и твердо ни во что.
А на защиту встать за убежденья
неловко как-то, что почти грешно.

И так живем. И вянем понемногу
в пустыне наших призрачных свобод.
Пока рука заботливого Бога
нам ливень пробуждающий пошлет.

• • •

Прикоснись к Его вечному Слову душой воспаленной,
пропитайся насквозь благодатью Его постоянной,
антидот от предательств – Голгофа,
и крест вознесенный
исцелит даже самые страшные гнойные раны.

Глядя смерти в лицо, Он уже предвкушал воскресенье
и смотрел сквозь века на спасенные тысячи судеб.
В смерти Божьего Сына – великая сила к прощенью,
наивысший небесный стандарт отношения к людям.

Прикоснись к Его сердцу широкому высохшим
                                                           сердцем,
пусть обдаст тебя силой Его предреченных страданий,
и тогда тебе будет легко принимать иноверцев
и прощать тех, кто в спину швыряет проклятья, как
                                                                                  камни.

С высоты крестной смерти отчетливо видится небо,
и неважно уже, кто сегодня тебя распинает,
и неважно уже, что тебя кто-то искренний предал:
тот, кто был на Голгофе, всегда в третий день
                                                                            воскресает.

* * *

Если кто-то предаст,
пусть намеренно или случайно,
и уже не захочется верить в хороших людей,
успокойся.
Не злись. Не кляни всех на свете отчаянно.
Ты постиг суть сердец человеческих – знать, стал
                                                               мудрей.

Если друг твой тебя осмеет за спиной или явно
плюнет прямо в лицо на виду у толпы – не дивись.
Ты вчера был наивным и верил в иллюзию правды,
а сегодня постиг, что такое реальная жизнь.

Если брат твой солжет, тот, кому ты так искренне
                                                                 верил,
с кем делил хлеб и кров, вместе с кем проливал
                                                              пот и кровь, –
не скорби.
Ты гнилые подпорки на прочность проверил
и всего лишь узнал, сколько стоит людская любовь.

Ты всего лишь вкусил от гнилого плода упованья
на греховную плоть – ощутил всю ее пустоту.
Не жалей ни о чем и не жди ничьего раскаянья...
Видишь, Бог – на кресте?
Там любовь!
Поспеши ко кресту.

• • •

Праздную всевластие Твое,
пусть от слез ночами мне не спится,
Дух Святой надежду мне дает,
что наутро милость обновится.

Мне ли, жалкой, Небо вопрошать?
Мне ли уловлять Тебя на слове?
Все, что нужно знать, Ты дал мне знать –
я еще сражалась не до крови.

Пусть мой разум дерзкий вопиет...
Я всего не знаю, и зачем мне?
Ты – мой гром. Ты – царствие мое.
Мой огонь и мой елей лечебный.

Ты разрушишь и отстроишь вновь
дом моих надежд и ожиданий.
И узрю в развалинах любовь,
когда Ты назначишь там свиданье.

Сделается раем пустота,
новый день придет на смену ночи,
и, одевшись в праведность Христа,
обниму Воскресшего воочию.

. . .

Не хватает на отношенья с Богом жизни. Вбежали в храм,
расписались за искупленье – и бегом по своим делам.
Деньги нищим, как курам просо, разбросали горстями и
тем ответили на вопросы молчаливые о любви.

Не хватает на ближних сердца, видим только свою беду.
Коль служенье – то лучше кресло. Если жертва – чтоб на виду.
Улыбнемся в лицо угодно: сострадание – на словах.
И скользим по каемке года, чтоб не пачкаться в чьих-то днях.

Не хватает на посвященье церкви веры в нее. Она
как бы специя, ощущенье, регулярный глоток вина,
мук душевных пустой глушитель, потерявшая силу соль.
Многим нужен Христос-Спаситель, но не нужен Его контроль.

• • •

Дай нам, Господь, Свою способность
с любовью ближним сострадать
и сердца собственного черствость
за праведность не выдавать.

Дай нам не путать правду с плеткой
и Словом гнев не присыпать.
Учи душой, благой и кроткой,
являть в смиренье благодать.

Не дай, Господь, свои желанья
нам выдавать за Божий зов;
нравоученья – за призванье,
а бесхребетность – за любовь.

Не дай, Господь, увлечься ложью
и букву чтить ценней всего.
Прости нас, что порою, Боже,
мы строже Сына Твоего.

. . .

Быть приветливой к людям,
свободной от пристальных взглядов,
раздавать свое сердце прохожим, как хлеб, по частям.
Это все, что душе для полета свободного надо,
чтобы в бурю ходить по воде, подпевая ветрам.

Теплотой растоплять чьи-то страхи и стереотипы,
вдохновляясь примером Того, кто любил вопреки.
Кто согрел, накормил, и утешил весь мир без спасибо,
и, удары в ответ получив, не отдернул руки.

Для кого-то водой быть, кому-то стать светом
                                              манящим,
Всех недобрых пленить не своей, а Его добротой.
Позабыть о себе и молиться о ближних почаще,
Исцеляя их раны своей исцеленной душой.

• • •

Пора перестать накачивать канонами и доктринами
свои аномально большие духовные бицепсы.
Для тебя эти буквы закона – коктейль протеиновый,
вымывают любовь, доводя до абсурда принципы.

И вот идешь ты, как гладиатор, и машешь руками-
                                                         знаньями,
сметая всех встречных и кичась своей ученостью.
Толкаешь локтями, бежишь, не заметив раненых
твоей такой напористой и отравленной
                                                              увлеченностью.

И, может быть, тебе видится, ты – Геркулес
                                                          древнегреческий,
и, может быть, тебе кажется, ты – Соломон
                                                          новоявленный,
послан свыше учить если не все человечество,
то хотя бы знакомым вокруг разъяснить все правила.

А может быть, тебе яркая сцена в La Scala кажется,
на кимвале бренчишь, либретто хрипишь заносчиво;
и пока ты пред публикой медью звенящей катишься,
Христос моет ноги ей, на колени склонясь доходчиво.

• • •

Я встречала на пути скорбящих,
сгорбленных под тяжестью креста.
В их глазах светилась настоящесть,
в них огнем горела красота.

Испытанья усмиряют гордость,
учат на себя не уповать.
Тот, кто знает, что такое скорби,
тот смиренье пьет как благодать.

РЫНОЧНАЯ ЦЕННОСТЬ

Твоя ценность не в том, как тебя оценили
                               на рынке
скороспелых невест
и достойных себя женихов.
Дешевеют тела,
как тускнеют цвета на картинке,
а в остатке сухом остаются душа и любовь:

Не мечты под луной,
а работа над собственным сердцем,
над характером сложным,
над множеством личных грехов.
Ну давайте не лгать себе,
просто признаемся честно:
реконструкция сердца
и есть в высшей мере любовь.

• • •

Увидеть северное сияние.
Скучать ночами по солнцу южному.
До смерти выполнить обещания,
мной данные.
Ближним нужной быть.

Друзей избавить от одиночества.
В своих врагах рассмотреть хорошее.
Быть мудрой… даже чуть-чуть пророчицей…
Жить только будущим.
Помнить прошлое.

Не мыслить зла.
Не черстветь от грубости
своих знакомых, судьбой обиженных.
Свободной быть.
Не бояться трудностей.
Исполнить в точности волю Вышнего.

• • •

Какая мощь – смиряться и молчать!
Смотри и восхищайся Божьим Сыном.
Его Пилат готовился распять,
тебе же просто кто-то гавкнул в спину.

Воистину молчанье – концентрат
сильнейших слов, в любых моментах спорных.
И пусть ты будешь за него распят,
потом воскреснешь с грохотом из мертвых.

И когда кто-то из твоих гостей
вместо спасибо плюнет наглова́то,
всплывет пусть глыбой в памяти твоей
Христос, молчащий пред лицом Пилата.

МАСТЕРСТВО

Какое мастерство – с людьми скорбеть,
сочувствие души – явленье редкое.
Ужасно – смерть! Но... то чужая смерть,
пусть даже недалекая, соседская.

Великое уменье – сострадать,
а мы не можем... и не очень хочется.
Лишь головой горазды покачать:
печально как... чужое одиночество.

Мы избегаем страждущих людей,
лишь ужаснемся про себя их ранами
и скрыться норовим в норе своей,
боясь, что нас коснется то же самое.

Не думать проще о чужой беде
или бросаться фразами избитыми:
«Коснулось вас? То, видно, судный день...
Но все ко благу будет, вот увидите!»

Великое уменье – сострадать.
А мы спешим лишь укорять и мудрствовать.
Уж лучше бы молчали... а молчать
не просто научиться... как и чувствовать.

• • •

Не делайте мессиями людей,
способными спасать от одиночества.
Живой водой не делайте друзей,
кто в сути не способен быть источником.

Не ждите блага от чужих перстов,
кто так же, как и все, подвергнут тлению.
Симпатии земные и любовь
не могут быть надеждой и спасением.

Не ждите заполненья пустоты
своей души людским, угодным мнением.
Их души так же бедны и пусты
и жаждут от кого-то наполнения.

В густом тумане одиноких дней,
в смертельной схватке с неизвестным будущим
не делайте мессиями людей –
Один у нас Мессия, жизнь дарующий.

ПОЛИТКОРРЕКТНОСТЬ

Корчимся. Юлим.
Стремимся жить
в мире так, чтоб точно слыть за здешних.
Неполиткорректно говорить
грешнику, что он погибший грешник.

Застревают в горле сгустки слов,
жалкие свидетельства о рае.
Стыдно говорить, что Бог-любовь
за грехи в геенне истребляет.

Возвещать, что грех смывает кровь,
нынче совершенное безумство.
Вот любовь – наш бог!
Не Бог – любовь,
совершенный, праведный, а чувство.

Мы не возвещаем о вине,
слышать о своей вине обидно.
Очень жаль, что многие в огне
от политкорректности погибнут.

. . .

Перед крестом Христовым не стоят –
там ниц лежат перед его величьем;
и Божьей благодати концентрат
низводит души с пьедесталов личных.

Перед крестом амбиций нет и слов –
есть только перспектива сораспятья;
и жертвенная, сложная любовь
становится роднее и понятней.

Перед крестом нет женщин и мужчин,
нет фракций и дешевых коалиций.
И каждый должен выбрать перед ним:
уйти с позором или сокрушиться.

Перед крестом Христовым все молчат:
все смотрят на себя и ждут прощенья.
Лишь для того, кто вместе с Ним распят,
победное наступит воскресенье.

• • •

Принимай свои обстоятельства без сомнений и без
упреков,
твердо веруя в то, что твой Бог совершенен и благ;
точно зная о том, что твой путь под контролем Бога,
чтобы слава Его явилась в твоих слабых словах и делах.

И пусть кто-то в свой недалекости задает пустые
вопросы:
почему в твоей жизни боль, кто же много так нагрешил?
Божий ум не таков, как у нас. У Него все и сложно,
и просто,
Он в бессилье твоем и в немощи свою чудную мощь
явил.

И во всех твоих обстоятельствах Он вживается в боль
с тобою,
Он становится частью их, самой ценной силой в борьбе.
Поднимает тебя с колен, снаряжает тебя для боя,
и, смотря на тебя, другие видят славу Его в тебе.

Ну и пусть твои обстоятельства для кого-то проклятьем
кажутся,
для тебя же они – сокровище, выше ложных счастливых
чувств.
Это высший удел из всех, и он дан далеко не каждому –
быть Божественной славы зеркалом только избранным
по плечу.

· · ·

Когда говорю, что Тебе свою жизнь доверяю,
то Ты открываешь проем моего вертолета
и даешь парашют.
И тогда я столпом застываю и пячусь назад,
цепляясь за зыбкое что-то.

Когда говорю: «Ты – Господь мой и пастырь Единый»,
то Ты направляешь Свой посох к вершинам далеким,
и влечешь меня вверх и толкаешь проблемами
в спину.
А я прижимаюсь к земле, стать боясь одинокой.

Когда говорю: «Ты – Хирург мой и Врач гениальный»,
тогда Ты в Своей доброте достаешь инструменты
и душу мою надрезаешь отточенной сталью.
А я вырываюсь и плачу в такие моменты.

И я говорю, говорю… так пространно и красноречиво,
и от слов этих громких опять отрекаюсь делами.
О счастье каком-то прошу, но не буду счастливой,
пока моя глупая воля стоит между нами.

Влеки меня к го́рам, выталкивай из вертолета,
вонзай в меня скальпель, огнем опаляй, исцеляя.
Пусть буду ничтожной и странной кажусь для кого-то.
Но пусть совершится во мне Твоя воля благая.

• • •

Все пройдет, и тревожный туман прояснится когда-то,
ты не бойся, коль люди сегодня тебя не поймут.
А назавтра они твою жизнь разберут на цитаты
и, как пластырь, прикладывать к ранам твой опыт
                                              начнут.

Ничего, что болит. Пусть лишь только душа не гноится
от обид на людей.
Будь им факелом.
Солью им будь.
Ты страдаешь сегодня, а кто-то потом укрепится
и воскреснет из праха, взглянув на твой пройденный
                                                 путь.

• • •

Вера в Бога сегодня – забытое украшенье,
у кого в сарае, а у кого в сундуке, в подвале.
И все достают ее изредка, по воскресеньям,
пыль смахнув, надевают, как будто и не снимали.

В скудной жизни своей обвиняют злосчастный
                                                                        ковид
и пеняют на злобное антивсего государство.
И под этот шумок вместе с верой уже и совесть
на голодный паек отправляется в душный карцер.

Из души дрожжевая выпячивает инфантильность,
и привычно из уст брызжет злобное осужденье.
А вера на шее
ржавым крестом бессильно
вдыхает рваными легкими
воскресенье.

* * *

У Бога непригодных нет,
ущербных нет и нет забытых,
нечетких граней нет, размытых,
на все вопросы есть ответ.

У Бога одиноких нет,
бездетных нет и безнадежных,
нет достижений невозможных
и непреодолимых бед.

Он мудро созидает жизнь,
у Бога нет неполноценных,
для каждого есть план священный,
и у всего есть цель и смысл.

Определяет цену Крест –
все дороги в глазах Господних.
Так почему ж в церквях сегодня
не всем спасенным место есть?

* * *

О вы, давящие на павших
фальшивой святостью своей!
Знакома ли вам боль, тяжесть
грехом измученных людей?

О вы, оставившие милость,
укравшие у Бога власть!
Неужто вам не приходилось
споткнуться где-то и упасть?

Приватизировав спасенье
и сжав кулак, учтите, что
у Бога свой стандарт и мненье,
какое сердце у кого.

О вы, раздавленные правдой,
умершие от чьих-то слов!
Пусть Божья благодать, как лава,
обрушится на вас и вновь

Вас воскресит, и обнадежит,
и дух усталый убедит,
что в Божьем мире все возможно –
возможно снова встать и жить!

ВИТРИНЫ

Здесь много слов, красивых и пустых,
цитат духовных, кадров идеальных,
чтоб поразить друзей потенциальных,
чтоб заработать одобренье их.

Все личное выносится на суд:
собаки, вещи, дети – все мелькает.
Себя в витринах люди выставляют,
жизнь личную за лайки продают.

• • •

Чем сложнее задачи – тем проще молиться,
чем острее нужда – тем сильней благодать.
Чем бездоннее пропасть – тем легче смириться
с тем, что Бог одаряющий вправе забрать
то, что дал,
и опять одарить безгранично,
оголяя в процессе прослойки души,
чтобы боль стала общей, а опыт стал личным,
чтобы веру ничто не могло сокрушить.

Бог в твоих обстоятельствах славу умножит,
сохранит и поддержит, как Он обещал.
Чем сложней доверять – тем доверье дороже,
чем опаснее путь – тем прекрасней финал.

• • •

Не лгите мне, что вы свободны,
что вы – творцы своих границ.
Мы все зависим от кого-то,
все падаем пред кем-то ниц.

Мы, может, не боимся смерти,
идти привыкли напролом,
но все же кто-то нами вертит,
играет с нами, как с волчком.

Мы все кадим непроизвольно,
мы созданы боготворить.
И только лишь в одном мы вольны:
избрать, кому и как служить.

ПЕРЕПЕЛА

Как часто мне, Господи, манна не нравится,
что Ты мне в пустыне с небес подаешь.
И сердце непринятой истиной давится
и просит привычную, сладкую ложь.

Ты Красное море раздвинул бурлящее,
чтоб я, как по берегу, шла босиком.
Безвременный – вжился в мое настоящее,
идя впереди благодатным огнем.

А я о Египетских яствах просроченных
в безумье прошу, и тоска по еде
съедает мой дух, и мое одиночество
Тебя вопрошает: «Ну где же Ты? Где?»

А Ты меня милуешь...
Милуешь грешную,
в молчанье своем проявляешь любовь –
не слушаешь просьбы о мясе поспешные,
когда мне так хочется перепелов.

* * *

Мне хочется глубоких отношений,
чтобы, когда покину край родной,
мне сыпались на почту сообщенья:
«Ну, как дела? Скажи, когда домой?»

Мне хочется глубоких отношений,
чтобы, когда исчезну из сети,
в тревоге за меня без приглашенья
ко мне домой мог кто-нибудь прийти.

Мне хочется глубоких отношений,
чтобы, когда уйду я, кто-то был
немного огорчен и в завершенье
мне на могилу розу положил.

• • •

Бог знает, что творит. Его рука благая
шьет судьбы из секунд и каждой дорожит.
Пусть кажется, что Он не слышит и не знает, –
Он помнит о тебе и знает, что творит.

В беде себя винишь, клянешь несчастный случай,
изводишься внутри своими «если бы».
У Бога «если» нет. Он делает как лучше,
и каждый тихий стон учтен и не забыт.

Отчаявшись, падешь в бессилье у порога
разрушенной мечты, измучен и разбит...
То из твоих руин рука святого Бога
выстраивает жизнь. Он знает, что творит.

• • •

Надрывным, новым, неизученным
щемящим Словом говори!
О старом, горьком, об измученном,
что, выгорая, не горит.

О том, что дни мои замшелые
сверлит, дырявит, бороздит,
Небрежно шьет стежками белыми
и снова режет, где болит.

Поговори со мной о прожитом,
что я никак не проживу.
О том, что, выпарившись, множится,
что, забывая, вновь зову.

Поговори со мной о слабости
моей и немощи моей.
И от Твоих глаголов сладостных
я стану крепче и сильней.

· · ·

Ничто не вечно. Чувства преходящи,
эмоции сгорают, как свеча.
Напоминай себе об этом чаще,
чтоб не разрушить душу сгоряча.

Ничто не вечно. Мелочны обиды,
ничтожны страхи, безрассудна страсть.
Когда неймется, вспоминай Давида,
чтоб, о себя ж споткнувшись, не упасть.

Ничто не вечно. Выбирай молчанье,
когда внутри обрывки фраз бурлят.
Великому присуще воздержанье,
и перед кротким отступает ад.

Ничто не вечно. Когда сердце бьется,
как молоток, и стука не унять,
ты вспоминай, что этот ком эмоций
растает завтра на восходе дня.

Ничто не вечно. Все пройдет однажды
и возвратится на привычный круг.
И лишь потом уразумеет каждый:
ничто не вечно. Вечен только дух.

НЕ ПО ЗАСЛУГАМ

Я молилась Тебе, раздирая до крови колени,
я искала Тебя в душных кельях и в пышных церквях,
поднималась к мечетям
и к храмам ползла по ступеням,
но Ты был далеко, а я вязла все глубже в грехах.

Изнурялась бессонницей, в прахе терзалась постами,
омывалась водой, освящаться пыталась добром,
причащалась к святыням, себя осеняла крестами,
изучала закон, но Ты так же мне был незнаком.

Воскуряла Тебе фимиам из благих намерений
и на жертвенник страху
несла ворох нравственных дел.
Упивалась виной,
утверждалась формальным служеньем,
отбивала поклоны,
а Ты с сожаленьем смотрел.

И раздавленный дух обанкротился и обнулился,
не осталось пригодных валют, не нашлось больше сил.
И тогда Ты с любовью к осколкам надежды склонился
и Свою совершенную праведность духу вменил.

Вырвал властной рукой из законом проклятого круга,
совершив на кресте весь закон, – в том и есть
                                       благодать,
ввел меня в Свое Царство по милости, не по заслугам,
и о милости этой я буду всегда ликовать!

• • •

«Хочу быть всех правей», – взывает гордость.
«Я – лучше всех!» – тщеславие вопит.
Блажен, кто знает, что такое кротость.
Свободен он и выше всех стоит.

• • •

Помни в бурях о том, что венчает всегда конец.
Кто-то крест твой заметит и о него споткнется,
кто-то взвоет, что ты заслоняешь собою солнце,
а кого-то твоя напрягает кристальная честь.

Это участь всех тех, кто оставил в истории след,
тех, кто пишет ее беспристрастно и неотвратимо,
и рассудят века. А сегодня да будем судимы
каждый уровнем веры своей, если совести нет.

Помни в бурях о том, что венчает Голгофа всегда.
И пусть кто-то споткнется, а кто-то вокруг смеется.
Знаешь, это не ты заслоняешь кому-то солнце –
это солнце померкло от горести и от стыда.

ГРЕЗИТЬ НЕБОМ

Дай грезить небом каждый миг земной,
чтобы из глаз сочился рай желанный
И заражал других святой тоской;
дай сердцу грезить небом постоянно.

Чтоб каждый шаг мой шагом был к Тебе,
чтоб каждый вдох был вдохом ради Царства.
Чтоб слабый дух от бурь не огрубел,
даруй рабе такое постоянство.

Дай мерить жизнь не силой, не умом,
не властью и не славой проходящей.
Чтоб мне при испытании огнем
на прочность оказаться настоящей.

Я знаю, путь мой вымерен Тобой,
все чаще стоном и лишь где-то песней,
Чтоб разземнился разум мой земной
и научился только небом грезить.

ЗАКЛЮЧЕНИЕ

Этот сборник стихотворений был издан при поддержке Международного служения «Слово Благодати».

Международное служение «Слово Благодати» существует для распространения евангельской вести среди русскоговорящего населения по всему миру и для созидания церкви Христа.

Приглашаем вас познакомиться с материалами Международного служения «Слово Благодати»:

– на нашем вебсайте: www.slovo.org
– в социальных сетях: www.slovo.org/facebook
– на YouTube канале: www.slovo.org/youtube

Если Международное служение «Слово Благодати» стало благословением лично для вас, станьте благословением для других – делитесь его ресурсами с родными и друзьями!

Если вы желаете стать частью Международного служения «Слово Благодати» и поддержать его материально, пишите нам по адресу: radio@slovo.org

Да благословит вас Бог!

www.ingramcontent.com/pod-product-compliance
Lightning Source LLC
Chambersburg PA
CBHW070430010526
44118CB00014B/1979